LA MILLOR COMPANYIA

Josep Riera

P O E S I A

LA MILLOR COMPANYIA

25è Premi de Poesia «Marià Manent» 2001
de Premià de Dalt

Pròleg de Jacint Sala

VIENA

Primera edició: octubre del 2002

Viladomat 122, baixos - 08015 Barcelona - Tel. 93 453 55 00
ISBN: 84-8330-167-9
Dipòsit legal: B. 43.998-2002
Fotocomposició: Fet-B
Muntanya 30 - 08026 Barcelona
Imprès a Hurope, S.L.
Lima 3 bis - 08030 Barcelona

*El jurat del Premi de Poesia Marià Manent 2001
estava integrat per: Víctor Batallé, Jordi Gabarró,
Francesc Rodón, Àlex Susanna i Enric Vila.*

TAULA

Entre que vaig i torno

HO DIC PERQUÈ HO SAPIGUEU

El que de veritat perdura,
ho funden els poetes.
F. HÖLDERLIN

1. PROVEM-NOS LA VEU...

«Entre que vaig i torno, m'estic amb la millor companyia.» Una definició de la vida que no té gaire a veure amb la frenesia amb què la vivim. És, més aviat, un plantejament mig horacià, de no amoïnar-se pel que *ja sí* o pel que *encara no*, i mig virgilià, amb l'autor de les èglogues, a l'ombra dels records. I volia anar a parar expressament aquí, a Virgili. Molts dels poemes de Josep Riera em porten a relacionar el món del de Màntua amb les terres del Lluçanès, que el poeta coneix tan a fons: molt sovint les havia estripat, les havia sembrat, les havia segat, les havia penetrat de tota mena i manera i hi havia reposat «*recubans sub tegmine fagi*». La terra, però, esdevinguda un denominador comú, es converteix per al poeta en aquest teló de fons —àrid, difícil, lúcid i esperançat— on cada dia es representa la comèdia de la vida. Personatges llençats a la pista en espera d'un Godot indefinible juguen a dir-hi la seva, juguen al joc tan monòtonament esperpèntic de la vida i de la mort («Som una raça de fang amb uniforme de palla»).[1] Personatges propers que, giravoltant a l'entorn de les pròpies coordenades, s'aferren a la vida perquè, ara per ara, és l'eina que tenen més a mà.

1. *Rereguarda*, Josep Riera. Columna Edicions, 1994. Pàg. 41.

Fins aquí el decorat. El que mana el guió. Però el poeta ha endevinat, el poeta sap que la seva missió en aquesta enforcadura és prendre la veu en nom d'ell mateix i en nom dels altres. Ell sap que no es pot quedar en silenci. Ell sap que té el crit i la terra i l'amor i la mort i el dolor i Déu mateix a plena pell. Ell sap que viu amb els altres. I necessita dir-ho tot de la manera més clara possible. Necessita dir-s'ho i necessita dir-nos-ho. («Miremnos les mans: encara són vives. / Provem-nos la veu: encara té força».)[2]

Quan el vaig conèixer (redéu, com han passat els anys!) em van meravellar moltes coses d'ell, d'en Josep. Però n'hi ha dues que em semblen essencials. Una temàtica força nova en la poesia d'ara i, sobretot, un llenguatge molt seu, en què les paraules tenen gust de terra, en què els silencis tenen regust de fang i el lèxic dringa amb una melodia tan especial que no tens més remei que deixar-te anar i rellegir i tornar-hi i aprendre per primera vegada aquells sons nous que et queden al paladar en espera que els assaboreixis. I al cap d'una estona, t'adones que allò que el poeta et diu ha estat dit des de sempre, que la vida que ell encomana i la mort que tem són les mateixes de sempre, que l'amor que li fa travessar meridians entre el camp i el carrer és el de sempre. Què hi ha, doncs, en l'obra de Josep Riera, que la diferencia d'altres obres? La resposta és tan simple com evident: no és fàcil entendre la terra quan no se l'ha estripada; el pa no té el mateix gust quan ets tu qui el pastes; la riera no és la mateixa quan no véns ple de boll; i no és el mateix descobrir, de cop, que Déu porta els cognoms d'algú del teu poble. I no és el mateix dir-te com et dius o dir-te Josep Riera. Quan goses trucar a la porta de la seva obra, ja no ets el mateix. Seràs —com diu Jaume Cabré— el que ets, més l'obra de Riera. Però, alerta, t'hauràs de reconvertir, hauràs de

2. *A plena pell*, Josep Riera. Columna Edicions, 1989. Pàg. 132.

veure si tens la pell a punt per sentir-hi sensacions noves, hauràs de combregar amb nous impulsos, t'hauràs d'aprendre a tu mateix en un nou naixement per la paraula, t'hauràs de redescobrir per què allò que et pensaves que ja era definitiu ha adquirit formes noves, un llenguatge nou. Si t'arrisques a llegir Josep Riera, has begut oli. Ja mai més res no et podrà ser indiferent.

I ara som aquí, amb un poeta la maduresa del qual es va posant de manifest en cada llibre nou. Des d'aquell *A plena pell* fins al que ara tens a les mans, l'autor no s'ha dispersat en ambigüitats: tampoc no li calia. La seva obra, en paraules d'Armand Quintana, és «d'una densitat que impressiona», i el que té de sorprenent aquesta densitat és que està feta de paraules de cada dia, les seves paraules. Aquelles que ell mateix s'estranya que no entenguem i que hàgim de recórrer sovint al diccionari (si és que el diccionari s'hi veu amb cor!) per entendre. És un llenguatge fet de blat i de suor, de llençols nets i de sermons inacabables, de didorta (apa!, busca-la!) i de nueses. Però tot aquest llenguatge està forjat en un marc i en un context que no tenim a l'abast. Ell l'hi té; però, a banda de tenir-l'hi, el sap llegir. Aquesta densitat ve del que diu i de com ho diu. Aquesta densitat és la suma d'una nova sensibilitat i d'una visió tan íntima i personal de la vida que l'envolta, que no li és difícil d'alçar-se sol, nu, decidit, coratjós davant qui sigui per tal de traduir-les en versos: «El nostre Déu ja ho sap, que ha de venir / on tenim les paraules treballant...»[3]

2. ...EN COMPANYIA DE JOSEP RIERA...

Acabava de dir al seu pare, a *Temps de vidre*, que havia cremat la barca. Una nova albada s'insinuava potser a l'horitzó. Una nova

3. *Rereguarda*, Josep Riera. Columna Edicions, 1994. Pàg. 54.

albada que, entre altres aspectes, confondria els tons ataronjats amb els d'un ponent massa vermell, fins a tornar-lo dolorós. I amb el record tothora amable del pare, s'asseu amb la mare —també, com el temps, la millor companyia— vora la xera abrandada, per tal d'encetar el camí dels records: uns records que connecten —a estones de manera plàcida, d'altres de manera punyent— aquells dies de vidre i de joc i de seny i de rereguarda, amb aquest nou temps on encara es pregunta, en el canemàs dels records, de què ha de perdonar Déu els pobres?

«Mare, he trobat el llibre antic
que amagàvem per no entendre.
El de les preguntes breus,
el de les respostes fermes.»

Així enceta el poeta el llibre que ara tens a les mans. A través del llibre antic, els fulls del qual anirà passant amb una actitud ben lluny de tota displicència, repassaran tots dos (amb tu, és clar!) el camí «íntim i immens» que l'ha dut aquí. A través del camí del balanç i del repòs tornarem a preguntar-nos amb ell què se n'ha fet, d'allò que tant ens amoïnava, ens perseguia, ens feia dubtar o ens apassionava. Ell ho farà com un autèntic mestre, a través d'interrogants col·lectius als quals no sempre trobarà resposta, però sota la fórmula intimista del poeta, de l'home membre d'aquest col·lectiu que cerca el que l'ha dut aquí: jugant-se la pau en la recerca i, en la pau, l'avui, en l'avui, la certesa («El que queda enrere és el que hem perdut / o és el que ens fa viure?»). I ens és plaent l'inici de la lectura del llibre *en el llibre*, amb la mare asseguda al fato, mentre ell reviu els paisatges íntims i els itineraris interiors, paradigma de tot un temps de «dubtes i renúncies», en paraules de Miquel Martí.

Què hi havia en aquell passat que encara ens pot punyir? Qui hi vivia? Un infant que anava a escola, un Déu que «no dóna senyal», una riera sense ambició en espera d'una mala pensada, uns camps difícils, una casa per al repòs, un amor benigne i apassionat, una escola i una església amb un mossèn Ramon inesborrable. I tot aquest entramat està lligat amb els pecats de cada dia i les esperances de cada instant. A la vista de tants records, on sembla que l'esperit pot fer una estada ben plausible, al poeta li vénen a la memòria els rerefons i no se sap estar de tornar-se a formular les mateixes preguntes amb els mateixos reptes. És important la presència d'aquest Déu, el tarannà del qual ell no acabava d'endevinar mai, però a qui deixa dit que no es veu condemnat per quatre pecatots —d'altra banda, pecats de pobres— i que, per més que ell sigui carn de mal adobar, Déu ja hi comptava. Un Déu a qui mossèn Ramon, aquell que a *A plena pell* els atrapa fumant didorta, pregona des de les formulacions externes d'un missal massa llunyà d'una missa que es fa llarga. I com el problema de Déu, el del treball (veure com creix el blat), de la família (tantes nits gronxant els nois), de les dones («Només les miro, mare... / ...les dones dels altres»), de l'amor (no us perdeu el poema: «Dormo amb una dona, mare...»). I en aquest marc, l'ambició —malgrat les susceptibilitats i les preguntes sense resposta i les suors massa llargues— és absolutament neta: fer-se un cel ben a prop de casa, perdre la por de ser pobre, escoltar la pluja, fer l'amor, perquè res no el pot distreure d'estimar allà on se li dóna recer i on aspira a morir en calma. Si en té ben bé prou amb la placidesa del lloc on viu, on no calen ni honors ni banderes, on la vida s'estarrufa i on la pluja acull tots aquells que acullen la vida. Si ho tinc, diu, gairebé tot: dona, pa i vi («que, quan toca estovar l'ànima, ens en fotem un carxot»). En aquest punt voldria subratllar el fet del beure col·lectiu en l'obra de Josep Riera. Com un sagrament d'alguna cosa més fonda, com una consagració de determinis col·lectius, com un símbol d'aplegament de voluntats, com un repòs guanyat, com una experiència enfront de la raó, com una unitat que no fa diferències, el vi apareix molt sovint com un catalitzador. «Bevem? / Encara queda alè al ventre de les tines... / ...La fortor del lluquet allunya els maleficis.»[4] En diversos poemes del llibre apareix aquest element en tota la seva positivitat, com a suavitzador de situacions difícils. («Quan no ens falta el vi, però, ens falta la copa», havia escrit Friedrich Hebbel.)[5] Sense arribar a cap extrem (perdoneu que me n'hi vagi), és bo de significar en aquest punt la força extraordinària amb què canta el vi el poeta Khayyam en els Rubbaiat: «Beu vi i tindràs la vida eterna. El vi t'ajudarà a ser jove. Gaudeix d'aquest instant fugisser que és la vida».[6]

Tornant a la primera part d'aquest pròleg, Josep Riera assumeix voluntàriament la veu dels seus, la veu dels qui han de posar text al crit i no tenen paraules, però tenen alenada. L'experiència del poeta, que en aquest retorn als records es retroba ell mateix en l'intent. Potser per això la situació transcendeix tant com el llenguatge que fa servir per expressar-la i es converteix en el portaveu d'unes situacions que, tot i plantejades com a pròpies, eren —són— les d'una generació concreta en un tros de país concret. «Mira que esgarrapem —diu— en aquesta vall de llàgrimes.» Tot i això, però, «la millor companyia» ja no és tan provocativa, des de la distància del record, com podia haver-ho estat en uns altres moments més concrets. Hi ha, si cal, aquella mena de melangia i de nostàlgia que, si ens fa plorar, ens farà plorar com els vells. O com els profetes, afegeix.

4. *Temps de vidre*, Josep Riera. Columna Edicions, 1994. Pàg. 43.

5. Citat per Stefan Zweig a *El món d'ahir*. Quaderns Crema, 2001. Pàg. 116.

6. *Rubayat*, Omar Khayyam (1040-1125), versió castellana: José J. de Olañeta, editor. Pàg. 33.

«Escric amb veu reposada, provant
d'espantar-me els mals, mentre se'm posen
els anys, plec a plec, sobre l'espatlla.»

«...vells records, pels d'ara, pels que som vius,
pels morts, i per les misèries que ens llasten,
posarem un ciri encès al llindar de cada estança.»

Malgrat els anys que han passat, el poeta continua essent el mateix de sempre: («Se'm reconeix?... / ...Sóc ben igual»); i amb la mare, que escolta com ell esvalota els records, parlen de tot allò que han fet. I ell sap que ho fa amb la millor companyia. El poeta fa la transposició de la millor companyia, que en primer terme és la mare, a la del temps que s'ajoca a prop d'ells dos i, per extensió, a prop de tots plegats:

«Sota la vostra veu s'ajoca encara
el temps més plàcid, que esdevé,
a la fi, la millor companyia.»

3. ...EN COMPANYIA DEL TEMPS...

La segona part del llibre (que té exactament la meitat de poemes de què consta la primera) són els diorames d'un itinerari que el poeta fa tot sol. Un itinerari en què els records es travaran tant per dintre com per fora i constituiran l'entramat a través del qual el poeta posarà un paisatge concret a tots els nuclis de la primera part que, amb més raonaments en l'eix de cada vers, potser no tenen tant «argument» com aquests.

En Josep diu que sí, que hi torna, que fa realment aquesta anada al temps perdut. Que retorna físicament a alguns dels llocs de què parla i que d'aquí al poema no hi ha ni un pas. El poeta, com a viatger d'ell mateix, torna a veure el gorg i la riera, el campanar i l'escola. Com si, alçant-se del lloc on seu amb la seva mare, vingués a dir-li que ja torna, que cal trobar les pròpies «magdalenes proustianes», que no trigarà, que la companyia del temps li anirà dictant els nous versos que ell mateix confegirà «entre que va i torna».

Com si fos un quadern de pràctiques, el poeta se'n va sol amb la paraula a descobrir-se novament. Però amb la paraula hi duu explícita la certesa que trobarà allò que cerca. Ha fet el pensament d'anar-se'n amb el convenciment que, després de la descoberta, tornarà. És massa seu allò que busca, absolutament seu: durant molts anys hi ha anat bregant, i ha anat conformant tot el que ara és. I aquesta certesa, tant del retorn com de la nova descoberta, l'explicita de forma bellíssima en el primer poema de la segona part:

> «...alegreu-vos. Serà que allà on vaig
> encara hi deu haver allò que em redimia.»

Que el redimia llavors i que el redimeix ara, quan es deixa caure al buit del gorg i «ja no sent el pes que el llasta de tanta totxeria». I al gorg hi entra nu, sense roba, perquè sap que l'interior és més íntim i, doncs, més autèntic. A cada una de les troballes que porta a terme hi ha un esvalot quan torna al campanar per endevinar-ne el dring de la història i per tal de recuperar tota la història en cada repic.

Sota una carta de presentació bíblica (hi ha en tot el llibre un sobrenatural molt proper) es planta davant (damunt!) la terra. Aquí se sap poderós. Al costat d'aquesta terra antiga i sàvia s'ha fet vell i hi ha deixat mitja vida. I vol saber encara, mentre va i torna, quin gust tenia la cançó de bressol que recupera mentre l'esteva lladra.

I en un *flash-back* irrenunciable, el poeta, després d'un retrobament amb la didorta, entra a l'escola on no hi ha ningú: només el paisatge que es trasmuda en un gest interior ple de soledat. No esperava trobar-hi ningú, però el sobta encarar-se amb unes lliçons que ja no tornaran i amb companys que ja no hi són. Uns companys que, com ell, provaven de descobrir els misteris del sexe entre el tango de l'envelat i els rampells de la passió, entre les enraonies de la gent gran (en sortir de missa, que és quan va millor!), entre la temptació que viu uns quants carrers més amunt i arran del pecat, tan temut com esperat, tan flastomat com confessat. I al fons, reptant-lo, en aquest ara que, en el pensament del poeta, no és res més que una calcomania de llavors, un Déu enfilat a la trona, que envia tones d'infern a uns devots arrenglerats i carregats de culpa, mentre el poeta, escolà llavors, cala foc a la sagristia.

Un dels poemes més bells d'aquest anar i tornar és el que el poeta dedica a la riera. No hi ha dubte que l'aigua del gorg es convertia en paradigma de sagrament. I la volien així, l'aigua —de rierol, calmosa, sense velers ni herois. La riera era un autèntic bàlsam, sobretot quan els homes tornaven del camp, després del segar i el batre, i els encalmava les picors del boll i els omplia de frescor els cossos bullents del sol:

> «...per treure la pols dels ulls
> d'un escamot d'homes nus, negra nit,
> després de batre...»

Ha arribat, però, l'hora del retorn. Quan les paraules ja comencen a pesar i el dia s'ajoca sobre el silenci d'aquest itinerari interior que porta, implícitament, altra vegada, al portal de casa. La mare encara hi és i sap que no ha estat en va aquest anar i tornar. En Josep torna, paradoxalment, d'allà on no ha marxat mai.

Ara calia que hi anés perquè encara li quedaven paraules a mig dir. Paraules que el salvaran del propi oblit i li dictaran la nova actitud del viatge que arriba. I el temps —la millor companyia—, i la mare —la millor companyia—, i els versos del poeta —la millor companyia— ens deixaran asseure'ns sobre el fato mentre escoltem, convençuts i nostàlgics, que el poeta ha fet el viatge per a nosaltres. Ràpidament ens hi reconeixem. I lentament tanquem el llibre de les preguntes breus mentre

> «Algú, però, et cuina un plat de benvinguda.
> Ho saps tot just obrir el portal.
> Ja ets a casa!»

Com una petita *suite* dels records, el poeta ens ha donat aquesta segona part del llibre mentre encara ens estàvem endinsant en la primera. I si és cert el que sempre hem dit, que el poema l'acaba qui el llegeix, trigarem anys a acabar el llibre. Perquè sempre hi haurà —en això el poeta ha estat un mestre— aquella nostra petita biografia, que no és altra que la que el poeta ens ha contat com a seva. Sempre ens hi podrem reconèixer. Sempre ens serà donat de tornar-nos-hi a capbussar. Sempre ens hi podrem tornar a trobar per saber que encara ens queda el do —no el perdéssim— de tornar-nos a meravellar de tot. Oristà, per a tots els qui hem arribat fins aquí, ja ens és un paradigma. Perquè el que de veritat perdura, ho deia Hölderlin, ho funden els poetes.

4. ...I EN COMPANYIA DEL LLENGUATGE...

Resulta paradoxal (però potser només lingüísticament paradoxal) que fins i tot per parlar del silenci hàgim de fer servir les paraules. Per això, quan Riera ens diu en un poema que ell no en viu, del que diu, que li mirem les mans, que no té paraules, sabem molt bé què hi ha en la conca atrafegada de les seves mans. Que són les mans les que parlen. Que ell no té paraules.

I tant si en té! I de les bones. De les que dringuen. D'aquelles que es fan al sotabosc o per les margeres socarrimades o entre els matolls de mal adobar o entre els racons insondables del gorg o en la riera. Paraules de tota la vida, però no d'una vida qualsevol. Ni d'una persona qualsevol, si és que les persones es divideixen en qualsevol i no qualsevol. Josep Riera ha pouat del pou del seu poble el llenguatge més proper, aquell que serveix per fer pa i per llaurar les feixes, aquell que es diu baixet a l'orella de qui estimes i el que es fa servir, de manera provocadora, quan el cel no amaina, quan el bestiar s'emmagreix o quan el blat es neuleix. Però no n'hi ha prou que aquest llenguatge hi sigui: cal que algú s'adoni de com n'és, de necessari, i, en la seva necessitat, el reconegui. Cal que algú el reculli i ens el doni en el seu context. Aquesta, a parer meu, ha estat —és— una de les feines importantíssimes en la poesia de Josep Riera. Ell ens parla del que fa, del que sent, del que passa al seu voltant, del que l'amoïna, del que l'enfureix, del que estima. Ens parla, sobretot, del seu poble, de la gent del seu poble, d'aquells que, com ell, s'han de llevar d'hora per anar al camp o per fer el pa, o per vetllar els misteris que, encara que ho seran sempre, no per això no se'ls ha d'interrogar. I per dir-nos-ho, no li cal diccionari. No li cal anar a trobar el sentit —els múltiples sentits— de les paraules. Les paraules que ell ens regala les ha tretes d'un altre diccionari: el de la llet materna i el del camp de blat. I són paraules que no enganyen, l'ortografia i la sintaxi de les quals aprens quan has caigut al torrent unes quantes vegades o quan has vetllat, a alta nit, el balcó de qui estimes. I és llavors quan, sense voler, només perquè el cos les ha convocades, surten per les escletxes d'una ferida o per entre els plecs d'una sacsada violenta.

En obrir un llibre de Josep Riera aquest, el de les paraules, és un dels aspectes que més ens sobta. Jo diria que per molts motius. El primer, perquè desconeixem aquest llenguatge i, consegüentment, no el fem servir. I el segon, perquè molt sovint no ens hi valen diccionaris. Som massa quadriculats i tot el que s'escapa de les coordenades massa acadèmiques ens pot arribar a desorientar. El que de veritat, però, ens fa venir esgarrifances és aquest llenguatge (temps ha descobert) de la poètica de Josep Riera. D'Oristà, no ho oblidéssim.

Un cop (sento fer servir la paraula *cop* en lloc de *vegada*: sé que a ciutat això no els plau), un cop, doncs, llegits els trenta-tres poemes que formen aquest llibre, he volgut fer una repassada d'aquelles paraules que m'han plagut d'una manera especial, entre altres raons perquè no hi podia accedir fàcilment. I sense que aquesta mena de pròleg s'hagi de convertir en una classe de res, sinó, en tot cas, en un aparador meravellat, heus-ne aquí un tast: *xera, fato, tosses, bladars, a la culivada, pitança, trull, carxot, boll, pellucar, catxapit, brosta, reblir, escamnar, rondons, totxeria, grifolls, esteva, merlera, didorta, escarir, àrgams, pastac, bertrol i lloseta,* entre d'altres. Estic convençut, deixeu-m'ho dir de seguida, que cadascú hauria fet la seva tria particular. Heus aquí una rastellera de paraules absolutament habituals en la vida —i, és clar, en l'obra— del poeta d'Oristà. Però, com un valor afegit, que hi és, en comentar-li personalment el sentit que a mi m'ha semblat que tenien aquestes i altres paraules, m'hi ha afegit, en més d'un cas, un sentit nou. És a dir, per a aquelles a què em semblava que accedia, ni que fos mínimament, de poc m'ha servit el diccionari. Els matisos que ell m'hi afegia conferien a la paraula sentits absolutament diferents o, si més no, enriquidors. I en descobrir la paraula, descobria com un poema nou. En obrir-me als nous significats m'adonava que encara em quedava molt camí per atènyer els múltiples sentits. I ell, llavors, en veure la meva sorpresa, obria els braços, deixava anar un «potser sí» i, amb aquella seva rialla franca, donava el tema per enllestit.

No voldria passar per alt, en parlar del llenguatge, aquelles expressions que, alguna vegada (va, ara sí!) hem estat dubtant de si han de formar part del poema. Són aquelles expressions (deixeu-me'n dir *asseveratives* o *admiratives*) que formen part d'aquest llenguatge de cada dia i que, com deia un home de teatre, són un respir en forma de text. Són més aviat provinents de les expressions casolanes més que no pas d'un àmbit més refinat. Són del barri d'aquí baix, més que no pas del barri de la literatura, i de la literatura poètica. Em refereixo a formulacions com ara «Renoi!», «I tant!», «Ves per què no!». Josep Riera, entre el dubte de l'espontaneïtat i l'academicisme, ha optat per deixar sense tocar aquestes formes que estan plenament integrades en el poema. I ha volgut deixar-hi, entre altres formulacions més acadèmiques, expressions com: «Ni ase ni bèstia», «Vés-ho a saber», «Fes-te repicar», «N'hi ha un bon fart», «A veure què serà», «Me n'hi vaig», «Ja sóc a dins», «Ara sí que va bé», «Tant temps», «No et fot». Una cosa és certa: el poema no s'esquerda en cap moment pel fet que s'usi aquest llenguatge. Quan t'has capbussat plenament en l'àmbit, en el context, en la situació del que està passant, també ets tu qui ho passa, i ho passes amb totes les conseqüències. Si no, per què obries el llibre. Ara ja ets a dins.

Una de les característiques de la poesia de Josep Riera (en aquest llibre a bastament comprovada) és que, després d'haver fet la reflexió que ell creu escaient, es deixa anar en un balanç de situacions que li permeten de subratllar el que està dient. Quan parla amb la mare, asseguda al fato, de l'oració que lleva els follets, afegeix:

«Potser així reviuran les tosses
llustroses dels pallers molsuts,
i l'era llepada, i els sacs a vessar,
i el carro i la mula, i el pare assegut
llescant, lentament, ebri de victòria,
la veu del silenci que ha vingut de cop.»

Com aquell que acaba d'expressar un pensament i, amb llestesa, s'afanya a dir: espera, no et moguis, escolta, que te'n donaré més encara. Són les pinzellades d'un quadre, les que ell considera essencials, tot i que en alguna ocasió puguin semblar només a tall d'exemple. És el que escrivia Sagarra quan introduïa molts versos amb la conjunció *i*: ara et parlaré d'això, i d'allò, i d'allò altre, i del de més enllà, i del que no s'acaba. Són, en l'obra del poeta d'Oristà, la relació que amplia el pensament anterior, són unes fites que ell ha trobat quan s'endinsa en aquest viatge interior que fa al costat de la mare (i de nosaltres). Ens n'ha de parlar, del que va trobant. Ens ha de dir quines són aquelles variants que complementen el seu raonament. Ens ha d'explicar la bellesa i el dolor, la vida i la mort, la feina i el repòs. I, per fer-ho, es deixa anar i ens pinta un entorn riquíssim de sentits, un seguit de situacions que conformen la història, un mapa interior d'un viatge que s'ha imposat, a cavall entre la reflexió i la certesa. Encara hi torna:

«D'alguna cosa ha de servir treure's la vida
del ventre, i cuidar els vells records
fins que la mirada aguanti el pes obtús del
passat. D'haver rentat entre el glaç els diumenges
a la tarda, de no escriure mai cap mot, d'haver
cantat perquè sí, de no guardar cap rancor.
D'alguna cosa o de res...»

Tot i que els poemes del llibre van sense títol, ni numeració tampoc, m'agrada convidar-vos a veure'n molts més exemples en els poemes 3, 5, 6, 9, 10, 15, 16 i 22 de la primera part, i en els 3 i 6 de la segona.

I no vull acabar de parlar d'aquesta tan bona companyia sense una reflexió final. Sempre s'ha dit que hi ha poetes de primera línia que, quan es tracta de donar a conèixer els seus poemes, tot llegint-los en un acte públic o en reunions literàries, no són bons comunicadors de la seva poesia. Me'n vénen al cap molts exemples, que no és ara el moment d'explicitar ni de ressenyar. Me'n guardaré pla prou. El que vull dir ara és ben bé el contrari. Que hi ha poetes que, quan llegeixen els seus versos (no m'agrada dir «reciten»), els donen un sentit afegit. I no pas solament perquè ells en són els autors. (Aquest és un altre registre: la qualitat de la seva obra no depèn de la seva traça o de la seva peculiaritat en proclamar-la.) També és cert —diguem-ho ras i curt— que hi ha poesia que no es presta tant a ser proclamada, sinó més aviat a ser llegida. Exemples? Per parar un carro! —que diria el poeta—. Entre aquests, entre els que tenen una manera peculiar de llegir-nos allò que han escrit, hi ha Josep Riera. Més ben dit, la veu de Josep Riera. Ell, abans, ja hi ha posat la paraula, però, quan la diu, el vers canvia de color, de textura, com si allò fos dit per primera vegada. Quan escoltem la seva veu atenorada i, sobretot, aquell to que prové visceralment del que ha escrit i del que creu, és com si sentíssim un poema nou. Ell atorga al llenguatge —al seu llenguatge— uns factors afegits que l'acoloreixen i li donen un ritme nou. Jo he sentit llegir poemes de Josep a persones que no són ell mateix. I el poema tampoc no és el mateix. I és que —penso— per embrancar-se en àrgans i catxapit hom ha de saber no solament què diu sinó, sobretot, què viu. Us insto que si mai us creueu amb ell (no dic creieu, això ja fa temps que ho tenim clar), si mai us hi creueu, feu-li dir dos versos, només. Sé que amb això li faig una mala jugada, però és que no es pot renunciar a aquella mirada múrria, a aquelles mans que s'omplen de significats quan els diu (gairebé sempre de memòria!), a aquella veu feta amb el pa de la nit i amb l'esteva que llaura. I feu-ho només per una cosa: perquè quan els llegiu a casa, a soles, enfrontats al text pur i simple, us en quedi aquell regust de bon dir que torna noves les arrels de la poesia proclamada. Deia, a final dels vuitanta:

«Guardaré la meva veu sota una ala
de la tarda, entre flocs de cotó
fluix, i estoig de blau, i moixaines d'aire.
(...)
Si algun dia volen tornar a escoltar-los,
que es lliguin ben fort al fil del capvespre.
Sempre seré jo, amb la veu guardada.»[7]

Es tracta d'un llibre de poemes en primera persona. Difícilment podia posar-ho en boca d'altri. Tot el que ha escrit ho ha escrit per a nosaltres. I si ens parla de la mort i de la vida, de l'amor i del crit és perquè a través de totes aquestes coordenades ens sap implicats. Quan en la cançó d'amor (poema 18 de la primera part) diu a la seva mare:

«Ho dic perquè ho sapigueu»

s'estableix un nexe de compromís entre el poeta i nosaltres. D'ara endavant (recordo Jaume Cabré), com que som el que som més el que llegim, després del que hem llegit, no s'hi val a renunciar. La terra és vostra, ens diu el poeta. I el pa. I la paraula. I el repte.

7. *A plena pell*, Josep Riera. Columna Edicions, 1994. Pàg. 48.

I la denúncia. I Déu. Des del fons del llibre el poeta ens pica l'ullet. Perquè ho sap. Perquè fa temps que ho sap. Perquè sap que sempre tindrem, en endavant, la millor companyia.

JACINT SALA
Manlleu, octubre de 2001

LA MILLOR COMPANYIA

Mare, he trobat el llibre antic
que amagàvem per no entendre.
El de les preguntes breus,
el de les respostes fermes.
Seieu. Us el llegiré fins que el temps
es recordi de distreure'ns.
Si voleu, faig una xera. El foc acosta la veu
de la llei amb què es governa
aquest idil·li feixuc que ens ha fet,
a vós i a mi, hereus de tantes quimeres.
Però no plorarem per res.
Si de cas, sols de nostàlgia.
El mal dels vells. I el dels profetes.

Esperem que el vespre alleugi la lluita dels desvalguts
i baixem a prendre part als peus del gran espectacle.
Tot és tan íntim i immens que la nit
fa que ens sentim hereus d'algun alt llinatge.
Els vius tenim, si més no, el dret a l'oblit,
i el do de recordar, com és ara, un temps
que ens donà o prengué, segons la pluja
o els vents i l'humor de tots els déus
que omplen de saviesa els claustres.

Caminet de l'era, direm l'oració que lleva els follets.
Malaguanyat cel de mel i cireres!
L'haurem de pintar sobre el temps de vidre
que, a despit dels déus, hem viscut després.
Seieu al fato. Jo esvalotaré.
Potser així reviuran les tosses
llustroses dels pallers molsuts,
i l'era llepada, i els sacs a vessar,
i el carro i la mula, i el pare assegut
llescant, lentament, ebri de victòria,
la veu del silenci que ha vingut de cop.
El que queda enrere és el que hem perdut
o és el que ens fa viure?
Lluitem contra algú? A qui hem de vèncer?

Lluitem contra algú. Però no l'endevino.
Ho sé perquè em sala els plats suculents,
i em posa travetes quan penso que arribo
al cel que em mereixo, segons sant Mateu.
A vós, tant us fa. Viviu a l'espai
voluptuós i idíl·lic de la indiferència.
Però a mi m'empudega.
Per més que l'increpo, no dóna senyal.
Ni ase ni bèstia.

Diuen que no és mai tard. Menteixen, mare.
S'ha de sembrar a la tardor i collir,
si Déu n'hi do, quan canten les cigales
als solells recremats. Viure de tant
en tant —s'ha d'anar amb compte—, i morir
per les grans gestes que no tenen nom
ni edat. I si et peix l'amor i no el tastes,
et pots quedar corsec per mitja eternitat.
Vet aquí el que tots dos, ferits en tantes
baralles, hem après d'aquesta vida,
de la que en fan tan bon plat.

Alguna cosa hi deu haver per als viatgers anònims
que mantenen els camins fressats, que omplen
les places dels pobles, que amanyaguen les paraules,
perquè no fer-ho és pecat.
D'alguna cosa ha de servir treure's la vida
del ventre, i cuidar els vells records
fins que la mirada aguanti el pes obtús del
passat. D'haver rentat entre el glaç els diumenges
a la tarda, de no escriure mai cap mot, d'haver
cantat perquè sí, de no guardar cap rancor.
D'alguna cosa o de res. Vés-ho a saber!
En el dubte hi ha la trampa.

No trobo el que em vàreu dir.
Els reis van triar el balcó dels més joves.
Només una noia em va dir que sí.
D'ençà que malverso la fe amb altres déus,
la missa es fa llarga.
Les dones, sí, però en hores comptades.
I si dic que sóc o he fet qui sap què,
qualsevol marrec m'arriba al crostó.
Ja ho sé que camino, que em sobrarà tot.
Però jo havia entès que, de mot en mot,
faria el crit que guanya les guerres.
Fes-te repicar! M'ho diu el mirall
cada cop que goso posar-m'hi al davant.

Només les miro, mare,
només mirar.
Ja ho sé. Per menys s'han corsecat
virtuts i ceptres.
I em perden —ja ho vull, però poc.
Ni dots ni regnes, no en tinc.
Només els ulls, que rento amb poca cura
perquè hi quedi el regust, salat i obscè, del prohibit.
Són el meu món, el meu paisatge.
I es mouen, i riuen, i es muden, i ensenyen...
Les dones dels altres.

Nosaltres som com quasi tots, ja me n'adono.
Sabem cantar, resar, deixar-hi la pell, plorar l'anyada.
Tenim deutes petits, pecats de xavalla.
Ens enterrem els morts i retrobem la rialla.
Les paraules que no tenim, no gosem ni emmanllevar-les,
i per poc que ens donin peu, aboquem les que guardàvem.
Com nosaltres, n'hi ha tants, tants! —quasi tots—,
que m'atreveixo a dir que, els que saben com es fa,
deuen ser els altres.

Tants cops he fet créixer el blat, que m'he cregut
que en sabia.
Tants de versos poc comptats malvivint
a la memòria d'uns quants que tenen
bon cor, que m'he adonat que escrivia.
Tantes nits gronxant els nois que s'han fet
hereus de mi sense tracte ni escriptura.
És així com ha de ser?
Doncs ara que hi guipo més poc,
que sé la ganya que faig quan veig
la cara que fan els de la meva fornada,
que em conformo amb un sol gest
quan se m'ha de dir qui-sap-lo,
que llegeixo el meu destí
al cul d'una copa clara,
seria l'hora de fer-me un cel ben a prop de casa.

No us penséssiu, no vull pas res que no pugui ser tret
de la taula d'un fart: perdre la por de ser pobre,
treure'm la roba i el pes dels pecats,
i veure com corren quatre esperitats
que encara no saben que tot és inútil.
Els fills agambats a distància prudent (virtut cardinal).
El blat espès i amb lluc fins al batre.
I escoltar la pluja des d'un llit ben bla,
a sota teulada, i fer-hi l'amor a la matinada,
sabent que defora tot és al cobert.
Això en dies feiners. I el diumenge, reposar.

No em veig cremant al foc per quatre bertranades,
per quatre pecatots que cometem els pobres
per fer-nos més amena la gran monotonia
i el pes d'altres dissorts.
Què dirien de mi si fos tan generós com cast,
tan humil com desmenjat,
tan plàcid com les colomes?
Que la sang no m'arriba al capdamunt del cap!
M'estimo més ser part d'aquest tropell de ximples
redimits amb poca grana. I carn de mal adobar.
Segur que Déu ja hi comptava.

Se li escapen gotes flonges al cel de sobre
els bladars, i la vida s'estarrufa, beu a pleret i calla,
no fos cas que s'estronqués la màgia d'aquest miracle.
Plou sobre allò que és nostre, i més enllà del quintà
que cuidem com lloca a la culivada,
l'honor es torna estantís, les banderes color garsa.
Qui ens distraurà d'estimar on se'ns dóna recer
i pitança i aspirem a morir-hi en calma.

Ja no aniré massa lluny. Què hi faria!
Quan se'm fondria dels ulls la llum
dels paisatges nous i l'aura de les pells
de plata, m'enyoraria de casa.
Perdut, nu, es riurien de qui sóc.
No seré reu d'aquest trull!
Fa massa temps que esgarrapo per fer-me
un lloc entre els pobres, que, aquí,
ho tenim quasi tot: dona i pa. I vi,
que quan toca estovar l'ànima, ens en fotem un carxot.

Se'n van anant, no en queda cap.
I diuen les matrones, agomboiant-se,
desafiant la por amb el cabàs folgat:
«Ai senyor, que Déu l'hagi ben perdonat!».
De què?
Aquest llevava d'hora els ossos mal acotxats,
i els ajeia poca estona.
Tenia la dona eixuta, el fill gandul i els rellotges deshorats.
I el diumenge, dia del repòs pactat,
s'adormia a missa d'onze, mentre el capellà
esclafia: «Estigueu alerta, no sabeu quan us vindrà!».
Millor dirien: reposi en pau. N'hi ha un bon fart!

Aquell que nega l'alè als noms a qui ha donat vida,
té un botxí que li fa la feina més matussera.
Eixut com un pilot de boll, més marrà que una terma,
el botxí —a l'altre no el coneixem—
pelluca a plaer, i s'emporta ara una flor,
després el pare, llavors l'amic, de tant en tant
l'anyada, les corbes de les femelles, l'oremus
dels més creguts, i a tu mateix, quan li plau,
que de tan segur que et té,
no et concedeix ni la gràcia
de dir-te si és que et va bé.
I mira que esgarrapem en aquesta vall de llàgrimes,
i sospirem heretats, i anem a resar-li a casa!

Encara bo que sagnin les femelles
i que els pits els creixin com roselles als bancals.
Sort n'hi ha que la luxúria —que és pecat!—
ens tingui viva la carn.
I que els ulls vegin i creguin, i els dits
es nuïn pressentint prodigis grans.
Encara bo que de Déu do ens vinguin gràcies
i no ens en sentim deutors.

Dormo amb una dona, mare,
i em peixo al seu palmell,
i si em demanés l'anell que ungeix
la raó dels pobres, l'hi donaria prest.
M'encalmo amb la seva veu,
m'esvaloto entre els seus braços.
Em val més que l'or del blat,
que l'aigua sobre els sembrats,
que llaurar terra adobada.
I si per ella em perdés,
jo ho juraria al revés.
Ho dic perquè ho sapigueu.

Escric amb veu reposada, provant
d'espantar-me els mals, mentre se'm posen
els anys, plec a plec, sobre l'espatlla.
Encara baixo l'escala amb gambades
de llebrer, i esquitxo amb foc l'enemic,
i amb els amics faig gatzara.
Però ja em somnio assegut al catxapit
de l'entrada, veient passar pel carrer
la vida i la mort, sense somoure'm el cor
ni el batec d'entre les cames.

Com si s'acostés temporal, d'aquells
que esbarrien la palla i espeteguen
als puntals, encabirem la bugada
i encortarem l'aviram. Per si el foc
purifiqués el temps amb malaurança,
l'encendrem al setial, brosta i canya.
I ja a recer i amb companyia, ens
reblirem de l'olor d'aquest volgut
casalot que ens fa la casa. I pels
vells records, pels d'ara, pels que som vius,
pels morts, i per les misèries que ens llasten,
posarem un ciri encès al llindar de cada estança.

Se'm reconeix?
Sóc el brivall amb els genolls com cristos.
L'escolà de novenes, remugant la fredor
del cor de les rectories.
Vinc d'on venim els desterrats fills d'Eva,
per trobar, a poc a poc o de glopada,
una orgia de noms, d'ermots per estripar.
He tingut a les mans la por dels súbdits,
els somnis mal colrats, la resurrecció de la carn.
Se'm reconeix?
Perquè, si no, fingeixo bé.
Sóc ben igual.

Lluny de l'esguard dels vents i de la pluja,
comptem les hores que no diem i ens inventem
sons subtils per entretenir el silenci.
Ens han cridat a vius i a morts, a festes
de precepte, a migdiades breus, a vespres
de festeig, a tastar el vi prohibit,
a deslliurar-nos les mans, a trencar el fil
roig de l'alba, a batre i a esperar.
Sota la vostra veu, s'ajoca encara
el temps més plàcid, que esdevé,
a la fi, la millor companyia.

ENTRE QUE VAIG I TORNO

Ja he fet el pensament: ara me n'hi vaig.
Teniu a temperar la veu més falaguera,
si torno de seguida arribaré escamnat.
Si trigo com si anés d'aquí on no em coneguin,
alegreu-vos. Serà que allà on vaig
encara hi deu haver allò que em redimia.
I si quedo prou guarit, farem festa al carrer,
en beurem del premsat, i ensenyaré les mans
lluents com patenes.
A pocs deuré explicar que he après a fer foc
nou amb l'encenall de sempre.
A veure què serà. Me n'hi vaig!

Cap al gorg, el camí encara esqueixa
rondons i argelagueres en un combat
a mort, per preservar-ne el pas.
A la penombra, la saba de l'obaga
s'escola pel torrent i, arribada a la roca,
raja, buit avall, amb un cant de cristalls
perpetuat i harmònic.
Em trec tota la roba i poso els peus al límit.
A baix, la transparència immòbil de l'aigua
del bassal em crida a esbullar-hi els records,
a somoure-li l'ànima.
Em deixo caure al buit i trobo, de seguida,
que ja no tinc el pes que llasta
els penitents de tanta totxeria.
Ja sóc a dins...!

Al campanar, hi he pujat quan llustrejava
per l'escala sinuosa que se t'enrosca al coll
com un rèptil encantat.
A dalt, ha fugit l'òliba que viu sota el rellotge,
espetegant les ales, maleint-me els ossos
des del vitrall dels seus ulls glaçats.
Hi ha les campanes, majestuoses, sensuals, suspeses just
ran de l'abisme, que m'han tornat, al primer toc d'oració,
als vespres de novenari, al bateig dels meus germans,
al dring de dol del meu pare, als migdies de diumenge
amb el xiscle de la festa abocant-se, agosarat,
per la tronera esqueixada.
Amb gest superb —quant temps fa que ja ni peco—,
nuo les mans a les cordes dels batalls.
A baix, molt avall, el poble es mou amb parsimònia.
L'esvaloto!

...i a l'aplegament de les aigües l'anomenà
mar. I a la mar eixuta, terra.

I bona hora, companys de tant temps!
Femella sempre fèrtil i fidel si no fos
per quatre déus.
Antiga i sàvia, esquerpa o amatent, segons
els vents, reconsagrada.
Al teu costat, m'hi he fet mig vell.
A tu, se t'omplen de grifolls les feixes
desavinents. A mi, els nois se m'han fet grans
i obliden que a la taula, hi menjaven
el teu blat.
Malagraïda la vida! Malaguanyat tant esforç!
Deixa'm que t'obri una estona. Les regnes
a l'esquerra, que l'esteva lladri al dol.
I per a tots, jo cantaré, bo i baixet,
una cançó de bressol.

Ara va bé. Li ha prou costat d'abrandar-se!
L'he tallada aquí mateix, al bell mig
de la merlera on m'he enforancat tot sol
procurant no deixar petja.
El sol entra a rajolins per mirar de veure's
nu dins del petit bassiot que el torrent,
assedegat, guarda talment com si fos
el tresor d'un vell pirata.
Ara sí que va bé! Li foto cada xuclada!
El fum, com un baf diví, m'adorm els narius
i el pap, i m'arriba fins a l'ànima.
Tant temps! I encara té mala sang,
la didorta consagrada!

No m'heu pas vist quan he entrat.
La llum s'ajoca, melosa, sobre els
pupitres brunyits i curulla de boirina
els vells tinters de plom.
Al trau de la paret, hi ha les flors a Maria,
roselles i boix verd collit a les
dreceres que esmolen els vailets.
A la tarima, el regle i el barret,
i el llibre de l'honor. I al balcó,
abocada a la plaça, la bandera d'un
imperi que a vosaltres se us en fot,
ja que el vostre déu és sord. Ni que
el pessiguin no xiscla.
Correreu a jugar a bales tan bon punt
toquin les cinc. Ja teniu els clotets
fets i el truc belluga a la bossa.
Tampoc no m'heu vist quan he eixit.
Fa tant temps que ja no hi sou!

Diuen, bo i baix, als cèrcols que es fan
quan surten de missa (ho claven així
perquè encara estan en gràcia divina
i hi ha roba estesa, aneu a saber),
que la noia bruna que viu al carrer,
tan bon punt clareja —no l'heu vista mai?—,
obre el finestral, nua i escarida,
i espera que el dia li estimi la pell.
He sortit prou d'hora perquè no em conegui
ni el gat del veí. Els gossos fermats
fan sagramental lladrant a la lluna,
que se'n riu, badant la boca de niu.
Ja prou que conec com lluen els pits
que la nit deslliura, i els malucs gravats
per llençols de somnis, i el jardí
del pubis, obert i esbullat!
Però ara, emparat darrere un valor
que no em coneixia, camino frisós,
lluny dels termenals, com un nen amb xanques,
a tastar el pecat.

«No podeu servir dos senyors...!»
Tremola la trona. I els grans, arrenglerats,
immòbils. Carregats de culpa.
A la sagristia, el dimoni omple les atxes
i deixa que se'n vessi un xarrup.
«No tindreu altre Déu fora de mi...!»
Cruix un banc. S'ofèn el silenci.
Calem foc a la benzina i ens enriolem.
«O cremareu a les penes eternes de l'infern...!»
El foc, afamat, ens mossega les calces
i repiquem de peus, profanant la vetlla.
Entra mossèn Ramon, irat, gronxant com uns àrgans
desclavats, i em fot una clatellada.
Ara he tornat per buscar sota la volta nua,
en el murmuri del cor, en l'olor de la cera,
un bocí dels vells records.
Encara hi són. I Déu també. Suposo.

Algú toca un tango esquerp
dalt d'un escenari fred, sota teulada.
Les notes, mig destrempades,
s'esmolen al sostre del vell saló
(vellut color de sang, profanat
per les petjades de degoters desenaris)
i s'esmunyen fins als peus d'uns quants
pinxos, ben quillats, que et prenen part
de l'alè mentre arramben a fe les xicotes
més nostrades.
I tu, que et fons al racó dels que no
tenen palica, en un rampell de passió,
penses, no et fot! Tenen el mateix que jo!
També ho veurien els altres si a un senyal,
tots a so, ens abaixàvem les calces!

Déu me'n guard que aquest riu escanyolit,
que amb prou feines és capaç de regar
un rial amb matades de canyars
i pastacs de vimeteres, se'ns tornés
riu de senyors o un mar d'escumes verges.
No esperem veure-hi a passar les veles
de l'heroi, retornant-lo rumb a Ítaca,
ni cap veler bergantí amb el ventre
esclatant d'or.
Aquí el volem per pescar quatre barbs
en una gola. Per poder parar
el bertrol en un rabeig cristal·lí.
Per fer-hi saltironar la lloseta
esprimatxada, per poder esbandir
els llençols, per treure la pols dels ulls
d'un escamot d'homes nus, negra nit,
després de batre. I que es purifiqui
sol, bramant i emportant-se els ponts, en una
nit de disbauxa.

L'hora de tornar la dicta el dia
des del palau de foc que alça a ponent.
I la nostàlgia, que t'emproa amb saviesa
quan el que perds, si és que et quedes,
no té preu.
Com un fill pròdig que encara serva
part de l'orgull i les paraules,
retrobes pel camí, impassibles, tots
els símbols dels quals vares fugir.
Algú, però, et cuina un plat de benvinguda.
Ho saps tot just obrir el portal.
Ja ets a casa!

Aquesta primera edició de
La millor companyia,
de Josep Riera,
fou acabada d'imprimir als tallers d'Hurope
el 15 d'octubre del 2002.